しょうがの料理

有元葉子

東京書籍

しょうがの魅力

私の食事作りにしょうがは欠かせません。毎日のように登場します。豆腐にはおろししょうが、炒めものにはみじん切り、スープをとるなら薄切り、煮ものも薄切り、天盛りには針しょうが、ジンジャーシロップは炭酸水で割って、と数え上げたらきりがないくらいです。

しょうが独特のさわやかな香りやピリッとした快い刺激は、なんでもない普段のおかずを引き立ててくれます。初夏に出回る葉しょうがはフレッシュでやわらかく、生で食べるにはうってつけ。とろりとやわらかい酒粕にぶつぶつと旗のように刺した即席の粕漬けは、もう何十年も変わらぬ我が家の初夏の味です。新しょうが、そしてひねしょうがと、季節とともに味も香りも厚みを増し、食卓にアクセントをつけてくれるしょうがは料理を楽しむ者にとってなくてはならないもの。体によい作用があるのもありがたい存在です。

しょうがも産地（土）によって変わります。今回取材をした高知では赤土で作るのが伝統だそうで、しょうがの色はやや赤みを帯びてヤワではないしっかりとした風味と口当たりが特徴です。ほかの土地のしょうがとは一線を画します。皮ごと使うことが多いので無農薬栽培であれば安心して食べられます。高知に住む若い人たちが大空の元で一生懸命まっとうなしょうが作りに励む姿は清々しく、感動を覚えました。

どこのスーパーでも国産のしょうがが手に入る日本では当たり前のように思うかもしれませんが、私がとりわけ日本のしょうがは素晴らしいと感じたことがあります。ヨーロッパでしょうがというと干からびたかたい薄茶色の石ころのようなもので、香りはなくてやたらに辛いというものしか入手できません。それでも頑張って「がり」好きな友人のために甘酢漬けの「がり」を作り、おすしを振る舞ったところ、しょうが、最高！　と喜んでくれました。私としては満足のいくものではなかったのですが。そこで次は日本のしょうがで「がり」を作ってお土産にしました。素晴らしい！と手放しで喜んでくれたのは言うまでもありません。彼らには日本のしょうがは特別なおいしさがあるとすっかりインプットされたようです。

素晴らしいしょうががいつでもどこでも手に入れられるのは本当に幸せです。この本では我が家のしょうが使いをご紹介しましたが、皆さまのお宅にはそれぞれの素敵な使い方があると思います。おいしくて体にもよいしょうがを上手に使って普段の家ごはんを楽しみましょう。

有元葉子

目次

新しょうがを楽しむ

葉しょうがを楽しむ

しょうが焼き

しぐれ煮

名脇役の薬味

しょうが×青背魚

＊計量単位は、1カップ＝200ml、1合＝180ml、大さじ1＝15ml、小さじ1＝5mlです。
＊ガスコンロの火加減は、特にことわりのない場合は中火です。
＊オーブンの焼き時間は目安です。機種によって多少差があるので、様子を見ながら加減してください。
＊特にことわりがない場合、塩は自然塩を使います。
＊オリーブオイルはエキストラバージンオリーブオイルを使います。
＊揚げ油はオリーブオイルまたは太白ごま油を使います。
＊メープルシロップはゴールデン（デリケートテイスト）を使います。

しょうが×肉

しょうが×麺とご飯

しょうが×野菜

しょうが×甘味

新しょうがを楽しむ

新しょうがは通常のしょうがのように
収穫後に貯蔵されることなくすぐに出荷されるので、
水分を豊富に含んでいるのが特徴。
皮が薄くて繊維がやわらかく、色が白く、
ツンとした辛みやクセがないので、
加熱はせず、生のままいただくのがおすすめ。
しょうがならではのフレッシュな風味と
シャキッとしたおいしさが楽しめます。

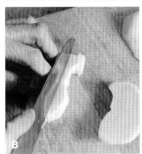

材料 作りやすい分量

新しょうが 適量

みそ 適量

新しょうがおかかみそ

┌ 新しょうが 適量

│ みそ 適量

└ 削り節 適量

1 ── 新しょうがは茎の部分を切り落とし、皮をこそげ落とし（**A**）、繊維に沿って薄切りにする（**B**）。そのうちの半量は、みそをつけていただく。

2 ── 残りの半量はみじん切りにし、みそ、削り節を加えて混ぜ（**C**）、新しょうがおかかみそを作る。新しょうがとみそは1対2の割合。ご飯（分量外）にのせていただく。

新しょうがとみそ

新しょうがのおいしさをダイレクトに味わう簡単な食べ方を2つ。1つは、薄切りにし、そのままみそをつけていただきます。もう1つは、みじん切りにして削り節とみそと合わせた「新しょうがおかかみそ」。酒の肴にしたり、ご飯にのせていただきます。新しょうがの皮は薄いので、むく必要はありません。皮をこそげ落とすだけで十分です。

がりとしらすの混ぜずし

「がり」は薄切りしょうがの甘酢漬けのこと。おすしの添えものに欠かせない存在ですが、ここでは新しょうがで作ったほんのりピンク色の「がり」を、混ぜずしの具として使います。シンプルに楽しみたいから組み合わせる具はしらすだけ。シャキッとした食感とさっぱりとした辛みと甘酸っぱさが、口の中に広がります。

材料　作りやすい分量

米　3合

合わせ酢

┌ 米酢　80mℓ

│ メープルシロップ　大さじ2

│ 　または砂糖　大さじ1½

└ 塩　小さじ⅔

新しょうがのがり(p.20参照)　適量

釜上げしらす　150g

1 ── すし飯を作る。米はといですし飯用の水加減で炊く。酢、メープルシロップ、塩を混ぜ、合わせ酢を作る。

2 ── ご飯が炊き上がったら飯台に移し、合わせ酢を回しかけ、切るように混ぜて粗熱をとる。

3 ── 新しょうがのがりはペーパータオルにのせて汁気をきり（**A**）、せん切りにし（**B**）、さらにペーパータオルにのせて汁気をきる。

4 ── **2**のすし飯の上に釜上げしらすを散らし、新しょうがのがりを散らしてのせる（**C**）。切るようにして全体に混ぜる（**D**）。

焼き網で香ばしく炙った豚肉にみそをぬりつけ、せん切りしょうがを巻いた、ビールのおつまみです。豚肉はバラ肉をかたまりで買い求め、少し厚めに切るのがおすすめ。バラ肉の脂やうまみに負けないように、しょうがは太めのせん切りに。大根も加え、味と食感のバランスを取るのがおいしさの秘訣です。

炙り豚の新しょうが巻き

材料　作りやすい分量

新しょうが　2片

大根　5cm

豚バラ肉(かたまり)　200g

みそ　適量

1 — 新しょうがは茎の部分を切り落とし、皮をこそげ落とし、繊維に沿って薄切りにしてから太めのせん切りにし、氷水に放す。シャキッとしたら水気をしっかりときる。

2 — 大根は食べやすい長さの棒状に切る。

3 — 豚肉は少し厚めの薄切りにする。

4 — 焼き網をよく熱し、豚肉を並べてのせ、両面香ばしく炙り(**A**)、ザルなどにのせてみそをぬりつける(**B**)。

5 — 4の豚肉に、新しょうがと大根を適量ずつのせて巻く(**C**)。

金目鯛の煮つけと
針しょうが

脂がのった金目鯛は少し甘めで濃いめの味がよく合います。目安としては、しょうゆ、酒、みりん、水が同量。あとは金目鯛からうまみたっぷりのだしが出て、おいしい煮つけに仕上がります。そんな料理になくてはならないのが新しょうが。氷水に放してパリッとさせた針しょうがをのせていただくのが最高です。

材料　作りやすい分量

金目鯛（下処理したもの）　1尾（約1kg）

新しょうが　大3片

しょうゆ　⅓カップ

酒　⅓カップ

みりん　⅓カップ

水　⅓カップ

1 ── 金目鯛は3等分に切る、新しょうがは茎の部分を切り落とし、皮をこそげ落とし、繊維に沿って薄切りにしてからできるだけ細いせん切りにし（**A**）、氷水に放して針しょうがにする（**B**）。

2 ── 大きめのフライパンまたは鍋にしょうゆ、酒、みりん、水を入れ、煮立ててアルコール分を飛ばす。煮立っているところに金目鯛を入れ、煮汁をかけながら煮（**C**）、皮がめくれ上がるような感じになったらオーブンシートをかぶせて落としぶたをして煮る（**D**）。

3 ── 煮汁が減ってきたら落としぶたとオーブンシートを取り、上から煮汁をかけながら少し煮詰める（**E**）。

4 ── 器に盛って煮汁適量をかけ、針しょうがをのせる、針しょうがはペーパータオルにのせて水気を取り（**F**）、先端が細い箸で適量ずつ取って金目鯛の上にのせる。針しょうがを金目鯛にからめながらいただく。

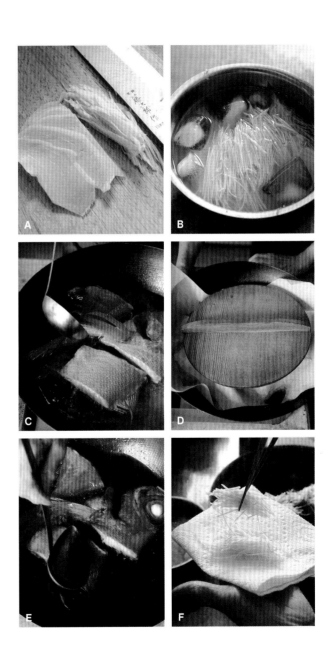

残った煮汁は魚のうまみがたっぷり。この煮汁を水で薄め、里いもを煮てもおいしい。里いもは洗って皮をむき、ぬれ布巾で表面のぬめりを拭いてから使う。

新しょうがのかき揚げ

新しょうがだけで作る、とてもシンプルなかき揚げ。衣は、粉と水を混ぜるだけ。揚げ油に入れたらしばらく箸ではさんだまま揚げ、形ができてきてから箸をはずすのがポイントです。ここでは新しょうがを冷水に放してから使いましたが、しょうがの辛さを楽しみたいときは、冷水にさらさなくても。

材料　作りやすい分量
新しょうが　大4〜5片
薄力粉　適量
揚げ油　適量
塩　少々

1 ── 新しょうがは茎の部分を切り落とし、皮をこそげ落とし、繊維に沿って薄切りにしてから細めのせん切りにし（**A**）、冷水に放す。

2 ── 水気を軽くきり、ボウルに入れ、薄力粉を少しずつ加えて混ぜ（**B**）、しょうが同士がくっつく程度に加えて混ぜる。

3 ── 揚げ油を中温弱に熱し、しょうがを箸で適量はさみ、揚げ油の中に入れる。しばらくそのまま動かさず（**C**）、かたまってきたら箸をはずす。ときどき返しながら色づくまで揚げる。

4 ── 器に盛り、塩をふる。

A　B　C

かきの季節に作りたいうまみたっぷりの
蒸しがきは、新しょうがとポン酢じょうゆ
でいただくのがいいですね。新しょうが
なら辛みも程よく、たっぷりと使えます。
かきのやわらかな食感と磯の香りを邪魔
することなく、おいしさを引き立てます。

蒸しがきと
おろししょうが

材料　作りやすい分量

かき　8〜10粒

昆布　20cmくらい

新しょうが　適量

酒　適量

ポン酢じょうゆ

  ⎡　しょうゆ　大さじ2

    柑橘（直七やすだちなど）の搾り汁

  ⎣　　大さじ2

1 —— かきは目の粗いザルに入れて粗塩（分量外）
をたっぷりとふってぬめりを出し、流水で洗って水
気をきる。昆布は水でぬらして少しやわらかくする。

2 —— 新しょうがは茎の部分を切り落とし、皮をこ
そげ落とし、すりおろす。

3 —— 器に昆布を敷いてかきを並べ、酒をふり、蒸
気の立った蒸し器に器ごと入れて蒸す。

4 —— かきに火が通ってふっくらとしたら器ごと取
り出し、新しょうがのすりおろしをのせ、ポン酢じ
ょうゆの材料を混ぜ合わせて添える。

豆腐、新しょうが、ザーサイあえ

ザーサイの塩気、新しょうがの辛み、ごま油と香菜の香りが豆腐にからみ合った、思い立ったらすぐに作れる一品です。豆腐は、かた豆腐や島豆腐などかための豆腐を使いますが、ない場合は木綿豆腐をしっかりと水きりして使います。

1 — 豆腐は棒状に切る。新しょうがは茎の部分を切り落とし、皮をこそげ落とし、繊維に沿って薄切りにしてからせん切りにし、氷水に放す。シャキッとしたら水気をしっかりときる。

2 — ザーサイはよく洗って水気をきり、薄切りにしてから細切りにする。香菜はざく切りにする。

3 — ボウルに豆腐とザーサイを入れ、ごま油を加えてあえ、新しょうが、香菜を加えてざっとあえる。

材料 作りやすい分量

豆腐（かた豆腐、島豆腐などのかたいタイプ） 1丁

新しょうが 2片

ザーサイ（かたまり） 60g

香菜 適量

ごま油 大さじ1

ゴーヤ、しょうが、みょうがの夏サラダ

バジル、ミント、ナンプラー、柑橘類の搾り汁を使った、軽やかな食べ心地が魅力。ゴーヤはごく薄切りにし、しょうがとみょうがもごく薄切りにし、それぞれ氷水に放してシャキッとさせてから混ぜ合わせるのがポイントです。

材料　作りやすい分量
ゴーヤ　小1本
新しょうが　2〜3片
みょうが　2本
赤唐辛子　1〜2本
バジル　適量
ミント　少々
太白ごま油　大さじ1½
ナンプラー　大さじ1½
直七またはすだちやレモン　適量

1 ── ゴーヤは縦半分に切って種とワタをくり抜くように取り除き、ごく薄切りにする。新しょうがは茎の部分を切り落とし、皮をこそげ落とし、スライサーで繊維に沿ってごく薄切りにする。みょうがは縦薄切りにする。それぞれ氷水に放し、シャキッとしたら水気をきる（**A**）。

2 ── 赤唐辛子は種を取って水に放してやわらかくし、水気をきって細切りにする。バジルとミントは手でちぎる。

3 ── ボウルに**1**と**2**を入れ、太白ごま油を入れてあえ、ナンプラーを加える（**B**）。

4 ── 直七とレモンの果汁を搾り入れ（**C**、**D**）、全体を混ぜる。

新しょうがのがり

新しょうがの出回る時期に必ず作るのが、がりです。新しょうがで作ると酢の作用でうっすらピンク色に色づくのが特徴。ひねしょうがで作ると薄黄色になります。甘酢の量は調整し、常にひたひたの状態にしておくことが作りおきの基本です。おいしくいただくなら、保存瓶に詰めて1ヶ月以内が目安です。

材料　作りやすい分量

新しょうが　正味350〜400g

甘酢

 米酢　1カップ

 メープルシロップ　大さじ4〜5

  または砂糖　大さじ3〜4

 塩　小さじ1⅓

1 ── 甘酢の材料は鍋に入れてよく混ぜる。砂糖を使う場合はひと煮立ちさせて溶かす。

2 ── 新しょうがは茎の部分を切り落とし、皮をこそげ落とし、スライサーで繊維に沿ってごく薄切りにして氷水に放つ（**A**、**B**）。

3 ── 鍋に湯を沸かし、新しょうがを適量ずつ網じゃくしで入れ（**C**）、5〜6秒して網じゃくしですくい、汁気をきってボウルに入れる。すぐに**1**の甘酢適量を加える（**D**）。

4 ── 残りの新しょうがも**3**と同様にして湯に通し、汁気をきり（**E**）、ボウルに入れていく。

5 ── 甘酢適量をしょうがの上まで加えて（**F**）、温かいうちに保存瓶に詰め、冷めたら冷蔵庫に入れる。

新しょうがの甘酢漬けと
赤梅酢漬け

薄切りにして漬ける「がり」(p.20参照)のほか、大きいまま漬ける甘酢漬けと赤梅酢漬けも我が家の定番。どちらもあられ切りにして混ぜずしに入れたり、好きな大きさに切って添えものにしたり。この写真の赤梅酢漬けは1年ほど経ったもの。

材料　作りやすい分量

新しょうが　適量

合わせ酢(p.8参照)　適量

赤梅酢　適量

1 — 新しょうがは茎の部分を切り落とし、皮をこそげ落とし、瓶に入る大きさに切る。

2 — 鍋に湯を沸かして新しょうがを入れ (**A**)、7〜8秒して網じゃくしですくい、ペーパータオルで汁気を拭く。

3 — 保存瓶2つに分け入れ、1つには甘酢をひたひたに注ぎ入れ (**B**)、もう1つには赤梅酢をひたひたに注ぎ入れ、ふたをする。冷蔵庫に入れ、味がなじむまでおく。

新しょうがの粕漬けと
みそ漬け

粕漬けにはやわらかい酒粕を使いますが、
酒粕とみそを合わせてもおいしいです。
どちらも酒の肴にぴったりです。

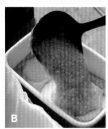

粕漬け、みそ漬けとも薄切りにして、
酒の肴などに。

材料　作りやすい分量

新しょうが　大4片

酒粕　適量

みそ　適量

1 — 新しょうがは茎の部分を切り落とし、皮をこ
そげ落とし、繊維に沿って縦半分に切る。

2 — 鍋に湯を沸かし、新しょうがを入れて15秒
ほどして取り出し、ペーパータオルで汁気を拭く
（**A**）。

3 — 保存容器2つに酒粕とみそをそれぞれ適量入
れ、新しょうがを並べ入れ、それぞれに酒粕、みそ
でおおう（**B**）。ふたをして冷蔵庫に入れ、味がなじ
むまで4〜5日おく。味は濃くなるが、粕漬けは約
6ヶ月、みそ漬けは1ヶ月以上保存可。

葉しょうがを楽しむ

葉しょうがはしょうがの根茎が小指大に育ったときに、
葉をつけたまま出荷されます。
芽のつけ根の赤みが強く出ているものが良品とされ、
やわらかく、みずみずしく、風味がよくて辛みが少ないのが特徴。
葉しょうがを甘酢漬けにしたものが「はじかみしょうが」で、
焼き魚などのあしらいによく使われます。

葉しょうがの天ぷら

やわらかくて風味のよい葉しょうがに衣をまとわせて揚げた、シンプルな天ぷらです。生でも食べられる食材なので、衣が色づくまで揚げればそれでOK。葉しょうがのさわやかな食感と香りを楽しみます。

材料　作りやすい分量
葉しょうが　10本くらい
薄力粉　適量
衣
┌ 薄力粉　1/2カップ弱
│ 卵　1/2個
└ 冷水　1/2カップ
揚げ油(太白ごま油)　適量
自家製つゆ*　適量

*自家製つゆ……鍋に酒1/5カップ、みりん1/3カップを入れて火
にかけて煮きり、しょうゆ1/2カップを加えてひと煮立ちさせ、
だし汁2カップを加えて再びひと煮立ちさせて火を止める。冷め
てから保存瓶などに入れて冷蔵庫へ。

1 ── 葉しょうがは1本ずつにし、葉先を斜めに切
り落とし、薄力粉を薄くつける。衣の材料はボウル
に入れてさっくりと混ぜる(**A**)。
2 ── 揚げ油を中温に熱し、葉しょうがに衣をつけ
て1本ずつ、重ならないようにして入れる(**B**)。衣
同士がくっつかないように箸を使って間を空け、ほ
んのり色づくまで揚げる。
3 ── 油をきって器に盛り、つゆを添える。

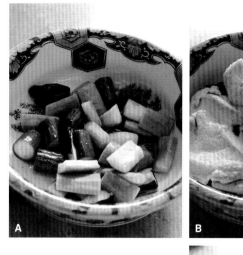

材料　作りやすい分量
葉しょうが　15〜16本
なす　1〜2個
白うり　½〜1本
きゅうり　1〜2本
酒粕（やわらかいもの）　適量

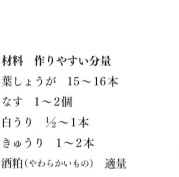
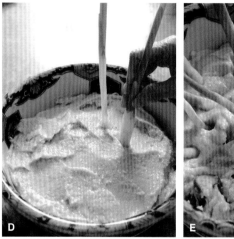

葉しょうがと夏野菜の粕漬け

わたしの実家で夏の集まりに必ず食卓に上っていたのが、この粕漬け。やわらかい酒粕に塩でもんだ夏野菜を漬け込み、葉しょうがをそのまま酒粕に突き刺した、かなりダイナミックな漬けもの。酒粕はお酒の香りがするやわらかいものを使います。漬けてから1〜2時間でおいしくいただけます。

1── なすはヘタを取って4つ割りにし、食べやすい長さに切る。白うりは縦半分に切って種を取り除き、食べやすい大きさに切る。きゅうりは食べやすい長さに切る。

2── ボウルに**1**を入れ、塩適量（分量外）をふって重しをし、30〜40分おく。水気が出たら絞る。

3── 器に**2**を入れ（**A**）、酒粕を加えて全体を覆ってならす（**B**）。

4── 葉しょうがを1本ずつにして葉先を斜めに切り落とし（**C**）、**3**の器に間隔を空けて突き刺す（**D**）。

5── このまま1〜2時間おく。葉しょうがはこのまま、なす、白うり、きゅうりは酒粕の中から取り出し（**E**）、いただく。

豚肉のしょうが焼き

材料　作りやすい分量
豚肩ロース薄切り肉　300g
片栗粉　適量
しょうが　2片
太白ごま油　大さじ2〜3
きび砂糖　大さじ2くらい
酒　大さじ4
みりん　大さじ2
しょうゆ　大さじ3
キャベツのせん切り　適量

我が家でしょうが焼きといえば、これ。娘たちがまだ子どもだった頃から作り続けているレシピです。豚肉に片栗粉をふって半分にたたんで焼くと、肉の表面がこんがり焼けて、中からとろみが出てきます。なんといってもやわらかく、失敗なく仕上がります。キャベツをたっぷり添えてどうぞ。

1 ── 豚肉を広げ、表面全体に片栗粉をふり（**A**）、半分の大きさに折りたたむ（**B**）。
2 ── しょうがは皮をむいてすりおろす。
3 ── フライパンに太白ごま油を熱し、豚肉を入れて両面焼く（**C**、**D**）。
4 ── 豚肉の上にきび砂糖をふり（**E**）、それぞれにしょうがをのせ、酒とみりん、しょうゆを回しかけ、味をからめる。
5 ── 器に盛り、キャベツを添える。

さばのしょうが焼き

香りと辛みのあるしょうがは、青背の魚をおいしくいただくために欠かせない存在ですが、ここでは、塩さばにおろししょうがをたっぷりとはさんでグリルで焼き上げます。皮をこんがり焼くと美味。生のさばで作る場合は、おろししょうがと塩を混ぜたものをはさむといいですね。

材料 作りやすい分量

塩さば

[さば(3枚におろしたもの) 1尾分
[塩 適量

しょうが 大2片

1 — 塩さばを作る。さばは角ザルを重ねたバットに入れ、さばが見えなくなるくらいたっぷりと塩をまぶし、冷蔵庫に入れて1〜2時間おく。流水で塩を洗い流して水気を拭き、腹骨をすき取り、骨抜きを使って身の中央の骨をていねいに抜く（**A**）。

2 — しょうがは皮をむいてすりおろす。

3 — さばの皮目に斜めに深く切り込みを数本入れ（**B**）、切り込みにしょうがを入れ込み（**C**）、半分に切る。

4 — グリルなどで香ばしく焼いて中まで火を通す（**D**）。

牛しぐれ煮

甘さ控えめに、しょうがを利かせて作る
のが、わたし好み。牛肉は、やわらかく、
うまみのある、少し脂のある上質な切り
落とし肉を使います。しらたきはチリチリ
とするまでよく炒めると味がよくしみ込み、
水っぽくなりません。煮汁をからめなが
ら煮詰めるときは鍋を傾けながら。アル
ミの鍋が軽くて使い勝手がいいですね。

材料　作りやすい分量

牛切り落とし肉　400g

しらたき　大1袋

しょうが　大1片

太白ごま油　大さじ2強

酒　2/3カップ

みりん　1/2カップ

しょうゆ　1/4カップ+大さじ1

1── 牛肉は食べやすい大きさに切り、1枚ずつはがれやすくする。しらたきは下ゆでして水気をきり、食べやすい長さに切る。しょうがは皮をむいてせん切りにする（**A**）。

2── 鍋を熱して太白ごま油としらたきを入れ、水分が飛んで表面がチリチリとするまでよく炒める（**B**）。

3── 酒、みりんを加えて煮切り、しょうゆ、しょうがを入れて煮立てる（**C**）。

4── しらたきとしょうがを鍋の片側に寄せ、空いたところに牛肉を重ならないように入れて煮る（**D**）。

5── 鍋を傾けて煮汁を一方に集め、煮立てた中に牛肉としらたきを入れる（**E**）。これをくり返し、煮汁が少し残る程度で火を止める。

かきのしぐれ煮

かきはまず煮汁の中でひと煮してふっくらと火を通し、いったん取り出し、煮詰めた煮汁の中に戻し入れて味をからめます。この方法だとふっくらとしたかきのおいしさが味わえ、かきの濃縮したエキスも感じることができます。かきのうまみを吸ったしょうがもおいしく、これだけでお酒がすすみます。

材料　作りやすい分量
かき　大15〜20粒
しょうが　大1片
酒　大さじ3
みりん　大さじ3
しょうゆ　½カップ

1 — かきは目の粗いザルに入れて粗塩（分量外）をたっぷりとふってぬめりを出し、流水で洗って水気をきる。
2 — しょうがは皮つきのまま薄切りにする。
3 — 鍋に酒、みりんを入れて煮切り、しょうがとしょうゆを入れる（**A**）。再び煮立ったら、かきを1粒ずつ重ならないようにして入れて煮る（**B**、**C**）。
4 — かきに火が通ってふっくらとしたらバットなどに取り出し（**D**）、煮汁を煮詰める（**E**）。
5 — 煮汁がとろりとしたらかきを戻し入れ（**F**）、煮汁をからめる。

さわやかな香りと清冽な辛みをもつしょうがは、名脇役の薬味。疲労回復や夏バテ解消にも効果があるとされるので、夏の素材との組み合わせは理にかなっていると言えます。ここではしょうがをすりおろし、焼きなすにたっぷりと添えていただきます。焼きなすは皮が真っ黒に焦げるまで焼くのがポイントです。

焼きなす

材料　作りやすい分量
なす　6本
しょうが　大1片
しょうゆ　器量

1 ─ しょうがは皮をむいてすりおろす。汁気は絞らないでおく（**A**、**B**）。

2 ─ なすは熱した焼き網またはグリルに並べ、ときどき転がしながら皮が真っ黒に焦げるまで焼く。熱いうちに皮をむく（**C**）。

3 ─ ヘタの部分を切り落とし、竹串で縦に食べやすい大きさにさく（**D**）。

4 ─ 器に盛り、しょうがとしょうゆを添える。

おろししょうがを作るときに残った皮は、ザルなどに広げて天日干しに。刻んで料理やジンジャーティーなどに使える。

焼きたて熱々の厚揚げにおろしたてのしょうがをのせて、しょうゆをたらり。それだけで味にメリハリが出ておいしくなります。厚揚げは良質の油で焼くことで揚げたてのおいしさが戻ってきます。太白ごま油またはオリーブオイルがおすすめ。

焼き厚揚げ

材料　作りやすい分量
厚揚げ　小2枚
太白ごま油　少々
しょうが　大1片
しょうゆ　適量

1 — しょうがは皮をむいてすりおろし、汁気は絞らないでおく。
2 — フライパンに太白ごま油を熱して厚揚げを入れ、ときどき返しながら香ばしくなるまで焼く（**A**）。
3 — 半分に切って器に盛り、しょうがをのせる。しょうゆを添える。

A

中華風冷奴

ザーサイや長ねぎにそろえて、しょうがもごく細かくみじん切りにするのがおすすめ。口の中に入れたときの食感、味のバランス、やわらかい豆腐との絶妙なコンビネーションが楽しめます。調味料の量は好みで加減してください。

1 —— 豆腐は軽く水きりする。木綿でも絹ごしでもよい。

2 —— しょうがは皮をむいてみじん切りにする。ザーサイ、長ねぎもみじん切りにする。

3 —— 器に豆腐を2〜4等分に切って盛り、しょうが、ザーサイ、長ねぎをのせる。ごま油、酢をかけ、豆板醤をのせる。好みでしょうゆ（分量外）をたらしても。

材料　作りやすい分量
豆腐　1丁
しょうが　1片
ザーサイ　適量
長ねぎ　適量
ごま油　少々
米酢　少々
豆板醤　少々

かにとしょうが酢じょうゆ

材料　作りやすい分量

ゆでがに（ずわいがに、たらばがになど）の足　適量
しょうが　大1〜2片
米酢　適量
しょうゆ　適量

1 — かには食べやすいように縦半分に切る。しょうがは皮をむいてすりおろす。

2 — かにを器に盛り、しょうがを添える。小皿に酢としょうゆを入れて添える。

かにやえびなどのうまみを端的に楽しむなら、生、ゆでる、蒸すの調理法がいいですね。そんなときに欠かせないのが、しょうが。殺菌力があり、甲殻類のクセもやわらぎ、なにより味が締まります。

もずく酢

もずくの食感と磯の香りを引き立てるため、甘みを入れない二杯酢としょうがですっきりといただきます。もずくとなじみやすいよう、しょうがはすりおろします。めかぶをいただくときも同様に。

材料　作りやすい分量

もずく(味つけされていないもの)　½カップ
しょうが　½片
二杯酢
[しょうゆ　小さじ⅔
[米酢　小さじ1強

1 ── もずくは目の細かいザルに入れて流水でよく洗い、水気をきる。しょうがは皮をむいてすりおろす。
2 ── 二杯酢の材料は混ぜ合わせる。
3 ── 器にもずくを入れ、二杯酢をかけ、しょうがをのせる。

ぶりかまの塩焼き

脂がたっぷりとのったぶりかまは、細かい塩をふって余分な水分を出し、新たに粗塩をふって焼くと、塩が立ってこんがりと焼くことができます。おろししょうがでさっぱりといただきます。鯛、たら、鮭、はまちなどのかまでも同様に。

材料　作りやすい分量

ぶりのかま　大2切れ
塩　適量
しょうが　1片

1 ── ぶりのかまはザルにのせて細かい塩をふり、30〜40分おく。出てきた水分をしっかりと拭く。新たに粗塩少々をふり、グリルでこんがりと焼く。
2 ── しょうがは皮をむいてすりおろす。
3 ── 器にぶりのかまを盛り、しょうがを添える。

あじと香味野菜の
しょうが酢

材料 作りやすい分量
あじ(3枚におろしたもの) 3尾分
青じそ 10枚
わけぎ 1束
しょうが 2片
米酢 ¼カップ

1 ── あじは骨を抜き、角ザルを重ねたバットに皮目を下にして入れ、塩少々（分量外）をふって冷蔵庫に30分ほどおき、さっと塩を洗い流す。ひたひたの酢（分量外）に浸して15分ほどおき、酢じめにする。

2 ── 青じそはせん切りにして氷水に放し、水気をきる。わけぎは小口切りにする。

3 ── しょうがは皮をむいてすりおろし、酢と合わせる（**A**）。

4 ── **1**のあじの皮をひき（**B**）、そぎ切りにしてバットに並べ（**C**）、青じそとわけぎをたっぷりとのせる。

5 ── **3**のしょうが酢を全体にかける（**D**）。

酢じめにしたあじをしょうが酢でいただく、我が家の定番。青じそ、わけぎといった香味野菜をたっぷりのせるのが特徴。夏の香りとともに青背魚を楽しみます。みょうがの小口切りを加えてもいいでしょう。あじは新鮮なうちに酢じめにして冷蔵庫に入れておくと、翌日でもおいしく食べることができます。

しょうがと酢で煮るとさっぱりとして身ば
なれがよくなり、おいしくいただけます。
酢の酸味が消えてコクとまろやかさもア
ップされます。いわしの下に昆布を敷く
のは、味だけの理由ではなく、身がくず
れやすいいわしを鍋から取り出しやすく
するように。ひたひたより少なめの煮汁で
煮るのがポイントです。

いわしの
しょうが酢煮

材料　作りやすい分量

いわし　6尾

しょうが　2〜3片

昆布　15cmくらい

酒　⅔カップ

米酢　⅓〜½カップ

みりん　¼カップ

しょうゆ　大さじ2

1── いわしは頭を落として内臓を取り、洗って水気を拭き取る。しょうがは皮つきのまま厚切りにする。昆布は水でぬらして少しやわらかくする（**A**）。

2── 鍋に昆布を敷き、いわしを並べてしょうがを差し込み、酒、酢、みりん、しょうゆを入れ（**B**）、水⅓カップを加えて火にかける。

3── 煮立ったら煮汁を回しかけ、オーブンシートなどで落としぶたをし、汁気が少なくなるまで弱火で煮る。

4── 火を止めてそのまま冷めるまでおき、味をなじませる。

5── いわしとしょうがを器に盛り、昆布を細切りにして添える。鍋に残った煮汁をかける。

保存容器に移して冷蔵庫に入れておけば、3〜4日おいしくいただける。

いわしのつみれ揚げ

いわしにしょうがと万能ねぎを加えて作るつみれはうまみたっぷりで、自家製ならではのおいしさ。中までしっかり火を通したいので、中温でじっくりと揚げるのがポイントです。揚げたてに練り辛子をつけていただくほか、冷めてもおいしいのでお弁当のおかずにも。いわしの代わりにあじで作ってもいいですね。

材料　作りやすい分量
いわし　3尾
しょうが　2片
卵白　1個分
片栗粉　大さじ1
塩　ひとつまみ
万能ねぎ　4〜5本
揚げ油　適量
練り辛子　適量

1 — いわしは手開きにして尾と背びれを取り、皮と小骨がついたまま、3cmくらいに切る。フードプロセッサーにしょうがを入れて細かくし、いわしを加えて撹拌し、卵白、片栗粉、塩を加えてさらに撹拌してすり身にする。

2 — 万能ねぎは小口切りにする。

3 — **1**をボウルに移し、万能ねぎを加えて混ぜ合わせ（**A**、**B**）、適量ずつ2本のスプーンを使ってフットボール形にまとめる（**C**）。

4 — 揚げ油を中温に熱して**3**を入れ、ときどき返しながらきつね色に揚げる（**D**）。

5 — 器に**4**を盛り、練り辛子を添える。好みでしょうゆ（分量外）も添える。

鶏のから揚げ

鶏1羽を使うといろいろな部位のおいしさが楽しめます。1羽分を使うのが有元流ですが、胸肉、もも肉、手羽元、手羽先などいくつかの部位を用いてもよいでしょう。ここで大切になるのが下ごしらえ。鶏肉は粗塩をすり込んで余分な水分を出すとうまみが凝縮され、鶏肉本来の味が堪能できます。2度揚げしてカリッと仕上げるのもおいしさの秘訣です。

材料　作りやすい分量

鶏肉(胸肉、もも肉、ドラムスティック、
　　手羽元、手羽先)　1羽分
粗塩　鶏肉の重量の1.5〜2%
下味
- しょうが　大2片
- 酒　¼カップ
- しょうゆ　⅓カップ
片栗粉、揚げ油　各適量

1 ── 鶏胸肉ともも肉は大きめのぶつ切りにし、ドラムスティック、手羽元、手羽先とともにボウルに入れ、粗塩をすり込む。冷蔵庫で2時間以上(できればひと晩)おいて余分な水分を出す。

2 ── 1の鶏肉を洗ってペーパータオルで水気をしっかりと拭き取る。

3 ── しょうがは皮をむいてすりおろす。

4 ── ボウルに鶏肉を入れ、しょうが、酒、しょうゆを加え(**A**)、手でよくもみ込んで下味をつけ、2時間ほどおく(**B**)。

5 ── 漬け汁がねっとりするくらいの量の片栗粉を加え、よく混ぜてからませる(**C**)。

6 ── 揚げ油を火にかけ、低温のうちに**5**を1個ずつ入れ、はじめはいじらず、徐々に温度を上げながらじっくりと揚げる(**D**)。色づいてきたらいったん引き上げ、高温の揚げ油に入れて2度揚げする。角ザルを敷いたバットに取って油をきる。

鶏団子はタネにしょうがと長ねぎを入れることで香りよく仕上がり、よく練り混ぜることでやわらかく、やさしい口当たりになります。一緒に煮た大根はひき肉のうまみを吸って美味。仕上げにしょうがのせん切りを加えて、スープのおいしさも味わいましょう。

鶏団子と大根の煮もの

材料　作りやすい分量

鶏団子のタネ
- 鶏ひき肉　200g
- しょうが　大1片
- 長ねぎ　5cm
- 片栗粉　大さじ1
- 塩　少々
- 溶き卵　1/2個分

大根　1/2本

鶏スープ*　3カップ

酒　大さじ2〜3

しょうゆ　ごく少々

塩、粗びき黒こしょう　各少々

しょうが　1片

*鶏スープ（作りやすい分量）……鶏ガラ1羽分は洗って水気を拭く。鍋に入れ、長ねぎの青い部分1本分、皮つきしょうがの薄切り1片分、水約4ℓを加えて強火にかけ、沸騰したらアクを取り、弱火で水分量が半分くらいになるまで煮、ペーパータオルを敷いたザルで漉す。すぐに使わない分は冷凍保存可。

1── 鶏団子のタネを作る。しょうがは皮をむいてみじん切りにし、長ねぎもみじん切りにする。ボウルに鶏ひき肉としょうが（**A**）、長ねぎを入れて混ぜ合わせ、片栗粉、塩、溶き卵を加え（**B**）、粘りが出るまで一方向によく混ぜる（**C**）。

2── 大根を下ゆでする。大根は4〜5cm厚さの輪切りにし、皮を厚くむく。米ぬかひとつまみ（分量外）を加えたたっぷりの水に入れ、弱火でやわらかくなるまでゆでる。洗って水気をきる。

3── 鍋に鶏スープ、酒、しょうゆ、塩を入れて火にかけ、煮立ったら大根を入れる。再び煮立ったら鶏団子のタネを左手で適量つかみ、ギュッと握って親指と人差し指の間から絞り出し、スプーンですくいとり、煮汁の中に落とし、中火弱で煮る（**D**）。

4── アクを取り、鶏団子に火が通ったらオーブンシートをかませて落としぶたをし、コトコトと煮る。塩、こしょうで味を調え、仕上げに皮をむいてせん切りにしたしょうがを加える。

揚げ肉団子

しょうがや長ねぎ、多めの卵を入れてよ
く練ったふんわり仕上げの揚げ肉団子は、
大きなボウルにタネを入れて粘りが出る
まで手でよく混ぜ合わせ、同じ方向に回
して空気を入れるのがポイントです。揚
げ方は 2 度揚げがおすすめ。揚げ色が
ついたらいったん油から引き上げて水分
を蒸発させ、余熱で中まで火を通し、高
温の油に入れてこんがりとさせます。

材料　作りやすい分量

豚ひき肉　500g
しょうが　大1〜2片
長ねぎ　½本
卵　4〜5個
塩、粗びき黒こしょう　各適量
揚げ油　適量
練り辛子　適量

1 ── ひき肉は室温に出しておく。しょうがは皮を
むいてみじん切りにし、長ねぎもみじん切りにする。

2 ── ボウルにひき肉、長ねぎ、しょうが、卵、塩、
こしょうを入れ（**A**）、同じ方向に回しながら、粘り
が出るまで手でよく混ぜ合わせる（**B**）。混ぜ続ける
ことで粘りが強くなり空気も入り、弾力が出る。

3 ── 揚げ油をやや高温に熱し、**2**を左手で適量つ
かみ、ギュッと握って親指と人差し指の間から絞り
出し、スプーンですくい取り（**C**）、油の中に静かに
落とす。やわらかい生地なのでこの方法がよい。

4 ── すぐにはいじらず（**D**）、表面がかたまってき
たら網じゃくしなどでときどき混ぜ、揚げ上がりを
均一にする。

5 ── 揚げ色がついてきたら網じゃくしなどでいっ
たん取り出す（**E**）。高温の揚げ油に入れ、こんがり
ときつね色になるまで揚げる（**F**）。2度揚げすると
カリッとなり、油ぎれがよくなる。

6 ── 器に盛り、練り辛子を添える。好みでしょう
ゆ（分量外）を添える。

肉みそ2種

しょうゆ味の肉みそは炒めて仕上げるタイプ、みそ味の肉みそは煮て仕上げるタイプ。どちらも豚肩ロース肉のひき肉を使いますが、肩ロースは脂身と赤身のバランスがよく、コクがあってうまみがあります。しょうがとにんにくを加えることで深みのある味わいになり、いろいろな料理に使える万能肉みそになります。

材料　作りやすい分量

しょうゆ味

- 豚肩ロースひき肉　200g
- しょうが　1片
- にんにく　1片
- 玉締めごま油　大さじ1
- しょうゆ　大さじ2

みそ味

- 豚肩ロースひき肉　200g
- しょうが　1片
- にんにく　1片
- 玉締めごま油　大さじ1
- みそ　大さじ2強
- 酒　大さじ2
- みりん　大さじ1
- しょうゆ　少々

1 ── しょうがは皮はむいてみじん切りにし、にんにくもみじん切りにする。

2 ── しょうゆ味の肉みそを作る。鍋にごま油を熱してしょうがとにんにくを炒め（**A**）、香りが立ったらひき肉を加えてほぐしながら炒める。

3 ── 肉汁が透明になり、ひき肉がパチパチとはねるくらいになったら（**B**）、しょうゆを加えて汁気がなくなるまでさらに炒める（**C**）。

4 ── みそ味の肉みそを作る。鍋にごま油を熱してしょうがとにんにくを炒め、香りが立ったらひき肉を加えてほぐしながら炒める。

5 ── 肉汁が透明になり、ひき肉がパチパチとはねるくらいになったら、みそ、酒、みりん、水¼カップ（分量外）を加え（**D**）、汁気がなくなるまで煮る。香りづけにしょうゆをたらす。

しょうゆ味の肉みそで
ひき肉卵ご飯

器にご飯を盛り、しょうゆ味の肉みそをのせ、卵黄
をおく。万能ねぎの小口切りや青じそのせん切りを
添える。

みそ味の肉みそで
ピーマンのせ

縦半分に切って種を取ったピーマン
にみそ味の肉みそを詰め、豆板醬をのせる。

しょうが鶏そぼろ

しょうがの香りを利かせた、上品な味のそぼろです。上手に作るポイントは、火にかける前に材料をよく混ぜて調味料をなじませておくこと。こうすることで味が均一になり、細かく炒り上げることができます。もしかたまってほろほろにならないときは、フードプロセッサーにかけるといいですね。

材料　作りやすい分量
鶏ひき肉　200g
しょうが　大1片
みりん　大さじ1
酒　大さじ3
しょうゆ　大さじ1
塩　少々
メープルシロップ　少々

1── しょうがは皮をむいてみじん切りにする。
2── 鍋にひき肉としょうがを入れ（**A**）、みりん、酒、しょうゆ、塩を加え、箸4〜6本を使ってよく混ぜる（**B**）。
3── **2**を中火にかけ、絶えずかき混ぜながら（**C**）、そぼろ状になるまで火を通す。
4 汁気が少なくなったら、好みでメープルシロップを加え（**D**）、水分を飛ばしながらさらに混ぜる（**E**）。

しょうが鶏そぼろで
そぼろ弁当

1 — 焼きのりは手でちぎってバットなどに広げ、しょうゆをたらして湿らせる。

2 — お弁箱の半分の高さまでご飯を詰め、**1**ののりをのせ、さらにご飯を重ねて詰める(**A**)。

3 — しょうが鶏そぼろをたっぷりとのせ、新しょうがの赤梅酢漬け(p.22参照)を薄切りにして添える。

白菜鍋

旬の白菜は丸々太ってやわらかく、甘くてまろやかな味わい。そんな白菜と豚肉が渾然一体となるまで煮込む冬の定番。材料はいたってシンプルで、白菜のほか、豚バラ薄切り肉としょうがだけ。白菜はあらかじめ蒸しゆでにしてカサを減らし、あとは土鍋に詰め込んでコトコトと煮るだけ。しょうがのおかげで味に深みが出て、余すところなくおいしくいただけます。この料理にはしょうがが欠かせません。

材料　作りやすい分量
白菜　1個
豚バラ薄切り肉　500g
しょうが　3片
塩、粗びき黒こしょう　各適量

1 ── 白菜は4つ割りにし、鍋に入れて少なめの水（分量外）を加えて火にかけ、白菜がやわらかくなるまで蒸しゆでにする。白菜と蒸し汁に分け、白菜は食べやすい大きさに切り分ける。豚肉は半分に切り、しょうがは皮をむいてせん切りにする（**A**）。
2 ── 土鍋に白菜適量を入れ（**B**）、豚肉適量、しょうが適量を入れ、塩、こしょうをふる（**C**）。
3 ── 同様にして白菜、豚肉、しょうが、塩、こしょうの順に3～4段重ねて詰めていき（**D**）、一番上は白菜になるようにし、塩、こしょうをふる。
4 ── 1で取っておいた白菜の蒸し汁を注ぎ入れ（**E**）、足りなければ水を足し、ふたをして40～50分ことことと煮る。土鍋の真ん中は火が通りにくいので、途中で菜箸を刺して隙間を開け、火の通りをよくする（**F**）。

半干しにした大根はほどよく水分が抜けて甘みが増し、炒めても煮ても漬けてもおいしくいただけますが、ここで紹介するのは煮もの。半干しにした大根は味のしみ込みがよく、煮くずれる心配がなく、しょうがの味と香りがアクセントになって翌日もまたおいしい。鶏手羽先のほか、鶏手羽中、厚切りの豚バラ肉で作っても。

材料　作りやすい分量

大根（半干しにしたもの*）　1本分

鶏手羽先　12〜15本

しょうが　3片

玉締めごま油　大さじ2

酒　½カップ

みりん　⅓カップ

しょうゆ　¼〜⅓カップ

水　適量

*大根の半干し……大根は皮つき
のまま少し薄めの乱切りにし、ザ
ルにのせて天日で1日干す。

大根と手羽先、しょうがの炒め煮

1 — しょうがは2片は皮つきのまま厚切りにする
（**A**）。1片は皮をむいて繊維に沿って薄切りにして
から細めのせん切りにし、氷水に放して針しょうが
にする（**B**）。

2 — 鍋にごま油を熱して手羽先としょうがの薄切
りを炒め（**C**）、焼き色がついたら大根を加え、焼き
つけるようにして炒める。

3 — 酒、みりん、しょうゆを入れ（**D**）、水をひた
ひたに加えて煮立て、オーブンシートをかませて落
としぶたをし、汁気が少なくなるまで煮る（**E**）。

4 — 器に盛り、針しょうがをペーパータオルにの
せて水気を取り（**F**）、天盛りにする。針しょうがを
混ぜていただく。

にんじん、れんこん、ごぼう……、乱切りにして素揚げにするとうまみと甘みが際立って、根菜のおいしさがことのほか楽しめます。塩をふるだけでもいいですが、おろししょうが、削り節、しょうゆであえるとご飯のおかずになります。しょうゆは削り節を湿らせる程度入れるのがポイントです。

揚げ野菜の
しょうがおかかじょうゆ

材料　作りやすい分量
にんじん　1本
れんこん　1節
ごぼう　1本
揚げ油　適量
しょうが　2片
削り節　ひとつかみ
しょうゆ　少々

1 ── にんじん、れんこんは皮つきのまま細長い乱
切りにする。ごぼうはよく洗って乱切りにし、水に
さらし、水気を拭く。
2 ── 揚げ油を中温に熱してにんじんを入れ、きつ
ね色に色づくまでじっくりと揚げて中まで火を通し
（**A**、**B**）、油をきる。続いてれんこん、ごぼうの順
に入れて同様に揚げ、油をきる。
3 ── しょうがは皮をむいてすりおろす。
4 ── ボウルに削り節を入れ、しょうゆを加えて削
り節を少し湿らせ、**3**のしょうがを加える（**C**）。揚
げ野菜を加え（**D**）、全体に混ぜ合わせる。

粕汁は、酒粕とみそを1対1の割合で使ってみそ粕汁にするのが好み。ここにおろししょうがを加えると香りがよく、甘みのある素材の味を引き立てます。酒粕はやわらかめのものを使いますが、板粕に酒を加えてフードプロセッサーで撹拌してやわらかくして使っても。酒粕を溶かし入れるときは、玉じゃくしと泡立て器を使うとダマになりません。みそも漉しながら溶き入れると口当たりがなめらかに。

材料　作りやすい分量

昆布　15cm

生鮭　2切れ

じゃがいも　大1個

大根　10cmくらい

にんじん　1本

長ねぎ　1本

菜の花　1束

しょうが　1〜2片

酒粕（やわらかめのもの）　大さじ3

みそ　大さじ3

根菜と鮭のみそ粕汁

1 —— 昆布は水4〜5カップに入れて冷蔵庫で一晩おく。または、鍋に昆布と水を入れ、30分ほど弱火にかけてだしを取る。

2 —— 鮭は4等分に切り、軽く塩（分量外）をして30分ほどおき、水気を拭く。

3 —— じゃがいもは皮をむいて大きめの一口大に切り、水にさらす。大根、にんじんは皮をむき、大根は1cm厚さの半月切り、にんじんは5mm厚さの輪切りにし、下ゆでする。長ねぎは2cm幅に切る。

4 —— 菜の花は茎のかたい部分を切り落とし、さっとゆで、食べやすい大きさに切って水気を絞る。しょうがは皮をむいてすりおろす。

5 —— 鍋に1の昆布と水、水気をきったじゃがいもを入れて火にかけ（**A**）、煮立ったら鮭を入れ、じゃがいもがやわらかくなるまで煮る（**B**）。大根、にんじんを加え（**C**）、アクを取りながら煮（**D**）、長ねぎを入れる。

6 —— 酒粕を溶かし入れ（**E**）、続いてみそを漉しながら溶き入れる（**F**）。

7 —— 器に盛り、菜の花としょうがを添える。

香ばしく炒った白ごまにしょうゆを入れて
すり混ぜ、みじん切りのしょうがを加え
たあえ衣で、切り干し大根をあえた、ご
飯のおかず。こまあえ衣のように砂糖な
どの甘みは入れず、しょうがを入れてき
りっと仕上げます。このままいただくのは
もちろん、ゆでた青菜やさやいんげん、
にんじんを加えても。

切り干し大根の
ごましょうがあえ

材料　作りやすい分量
切り干し大根（乾燥）　40g
白ごま　大さじ5〜6
しょうが　大2片
しょうゆ　適量

1 ― 切り干し大根は洗い、水に10分ほど浸して
戻す。水気をしっかりと絞って食べやすい長さに切
る。
2 ― 白ごまは香ばしく炒る。しょうがは皮をむい
てみじん切りにする
3 ― すり鉢に白ごまを入れてすり、しょうゆを加
えてごまを湿らせ（**A**）、しょうがを入れて混ぜる（**B**）。
4 ― 切り干し大根を加えてよく混ぜ合わせる（**C**）。

切り干し大根のごましょうがあえで
ほうれん草あえ

1 ― ほうれん草は根元の部分に十文字の切り込み
を入れ、塩少々を加えたたっぷりの熱湯に根元を下
にして入れ、数秒おいてから葉先を沈め、さっとゆ
でる。色が鮮やかになったら冷水に取り、水気を絞
る。食べやすい長さに切り、さらに水気をしっかり
と絞る。
2 ― 切り干し大根のごましょうがあえに、ゆでた
ほうれん草を加えてあえる（**A**）。

きゅうりとたこの
しょうが酢じょうゆあえ

さっぱりとした酢のものをいただきたいときによく使うのが、しょうが酢じょうゆです。ここで紹介するのはたこときゅうりの取り合わせ。きゅうりは少し厚めに切るとたことのバランスがよく、ボリューム感が出ます。いだだく直前にあえると水っぽくならず、酢による変色も防げます。

1 ── きゅうりは1cm厚さの輪切りにし、濃いめの塩水にしんなりするまで浸し、水気を絞る。たこは湯通しをして水気を拭き、薄切りにする。
2 ── しょうがは皮をむいてすりおろし、ボウルに入れ、酢としょうゆを加える（A）。
3 ── 2のボウルに、きゅうりとたこを加えてあえる。

材料　作りやすい分量
きゅうり　3本
たこの足　1本
しょうが　1片
米酢　大さじ3
しょうゆ　大さじ1

たくあんのしょうがあえ、大豆のしょうが酢

さもないおかずですが、食卓にちょっとあるとうれしい2品。たくあんはおろししょうがを汁ごと加えてあえますが、大根葉やかぶの葉をちょっと天日干しにして加えるといいですね。大豆のしょうが酢は私の日常食。大豆をゆでて冷蔵庫に入れておくとすぐに作れます。

1 — たくあんのしょうがあえを作る。たくあんは薄切りにし、大根の葉は刻む。ボウルに入れ、しょうがの皮をむいてすりおろし、汁ごと加えてあえる。

2 — 大豆のしょうが酢を作る。大豆を器に入れ、酢をかける。しょうがの皮をむいてすりおろし、汁気を軽く絞ってのせる。好みでしょうゆ（分量外）をたらしても。

材料　作りやすい分量

たくあんのしょうがあえ
- 自家製たくあん　⅓〜½本分
- 大根の葉（カラカラになるまで天日干しにしたもの）　1本分
- しょうが　1片

大豆のしょうが酢
- 大豆（ゆでたもの）　⅓カップ
- 米酢　適量
- しょうが　½片

大根の皮としょうがの
しょうゆ漬け

天日干しにした大根の皮としょうがを、昆布、赤唐辛子、しょうゆで、艶やかなべっこう色になるまで漬けます。瓶に入れ、ふたをしてときどきゆすりながら調味料をからめます。大根を小さめに切って入れても。

材料　作りやすい分量

大根の皮（カラカラになるまで天日干しにしたもの）　1本分

しょうが　2片

昆布　5㎝

赤唐辛子　2〜3本

しょうゆ　適量

1 ── 天日干しにした大根の皮はキッチンバサミで食べやすい大きさに切り（**A**、**B**）、水に1時間ほど浸して戻す。しょうがは皮つきのまま太めのせん切りにする。昆布はキッチンバサミで5㎜〜1㎝幅に切る。

2 ── ボウルに水気を絞った大根の皮、しょうが、昆布、赤唐辛子を入れ、しょうゆ適量を注ぎ入れ（**C**）、全体に混ぜてなじませる（**D**）。

3 ── 保存瓶に移し入れ、瓶の半分より上までしょうゆに浸っているようにする。

4 ── 冷蔵庫に入れ、途中でときどき上下にふったり、ひっくり返したりして、2日ほど漬ける。

しょうがうどん

しょうがには血行をよくしたりお腹の調子を整えるなどの働きがあるので、体が冷えたときにうってつけ。汁うどんにおろししょうがをのせるだけで、体の内側から温かくなります。具は、野菜、きのこ、笹かまぼこや油揚げなどのちょっとしたたんぱく源、海藻など、冷蔵庫のありもので。

材料　作りやすい分量

白菜（葉の部分）　4枚

しめじ　1袋

笹かまぼこ　4枚

わかめ（戻したもの）　適量

しょうが　大1片

だし汁　適量

塩、しょうゆ　各適量

うどん（ゆでうどんまたは冷凍）　2〜3玉

万能ねぎ　4〜5本

1 ── 白菜は食べやすい大きさのざく切りにする。しめじは石づきを取ってほぐし、笹かまぼこはごく薄いそぎ切りにする。わかめはざく切りにする（**A**）。しょうがは皮をむいてすりおろし、万能ねぎは小口切りにする。

2 ── 鍋にだし汁を入れて温め、白菜を入れてさっと火を通し、取り出す。

3 ── **2**のだし汁に塩としょうゆを加えて好みの味に調え、しめじ、笹かまぼこを入れてさっと煮る（**B**）。

4 ── うどんは熱湯でさっと温め、ゆで汁をきって器に入れる。

5 ── うどんの上に白菜、しめじ、笹かまぼこ、わかめをのせ（**C**）、煮汁を注ぎ入れる。しょうがをのせ（**D**）、万能ねぎを散らす。

鶏しょうが麺

鶏肉でスープをとるときはしょうが、長ねぎといった香味野菜を一緒に入れると、すっきりとしたきれいな味のスープになります。このスープがおいしいから、余分なものは入れずに汁麺に。ここでは細めのそうめんを使いましたが、ひやむぎ、中華麺、稲庭うどんなどを使っても。スープが残ったら塩少々を足しておくと、冷蔵庫で2〜3日もちます。

材料　作りやすい分量

鶏スープ
- 鶏胸肉　1枚
- 鶏もも肉　1枚
- 鶏手羽先　4〜5本
- しょうが　大1片
- 長ねぎ（青い部分）　1本分

しょうが　適量

長ねぎ　適量

そうめん　適量

粉山椒　少々

1 — 鶏スープを作る。しょうがは皮つきのまま薄切りにし、長ねぎはぶつ切りにする。すべての材料を鍋に入れ、水をかぶるくらいまで注ぎ入れて強火にかけ、沸騰したらアクを取り、弱火で水分量が2/3くらいになるまで煮る（**A**）。ペーパータオルを敷いたザルで漉し、鍋に戻し入れる。胸肉、もも肉は具に使うのでとっておく。手羽先はしょうゆでマリネして焼くとよい。

2 — しょうがは皮をむき、繊維に沿ってごく薄く切り（**B**）、さらにせん切りにし（**C**）、水に放つ。長ねぎは5cmほどの長さに切り、縦に中心まで切り込みを入れて芯の黄色い部分を除き、繊維に沿ってせん切りにし、水にさらす。それぞれ水気をきる。

3 — そうめんはたっぷりの湯でゆでる。鶏スープは温め直す。鶏胸肉ともも肉は手で細くさく。

4 — そうめんの汁気をきって器に盛り、鶏スープを注ぎ入れ（**D**）、**3**の鶏肉、長ねぎ、しょうがの順にのせる。粉山椒をふる。

我が家のそうめん

鶏スープでいただく温かいそうめんは針
しょうがが合いますが、冷たいそうめん
はおろししょうががいいですね。青じそ、
みょうが、あさつきを刻み、白ごまと刻み
油揚げも添えて。子どもの頃から食べて
きた我が家の定番です。

材料　作りやすい分量

そうめん　3束
しょうが　1片
みょうが　2個
あさつき　3〜4本
青じそ　10枚
油揚げ　1枚
白ごま(炒ったもの)　適量
自家製つゆ(p.25参照)　適量

1 ── しょうがは皮をむいてすりおろす。みょうがとあさつきは小口切りにし、青じそはせん切りにし、それぞれ氷水に放してシャキッとさせ、水気をきる。油揚げは刻む。

2 ── そうめんはたっぷりの熱湯でゆでてザルに上げ、流水でよくもみ洗いし、水気をきる。

3 ── **2**のそうめんを、氷とともに器に盛って水少量を張り、**1**とごま、つゆを添える。各自のお碗につゆを入れ、そうめんと薬味を入れていただく。

あさりとしょうがの 炊き込みご飯

いつものあさりご飯にせん切りしょうがをたっぷりと入れると、それだけで味が締まってさらにおいしく、後味もよくなります。ここではむき身のあさりを用い、酒としょうゆで下味をつけてから炊き込みます。

材料　作りやすい分量

米　3合
あさり(むき身)　250g
酒、しょうゆ　各適量
しょうが　大1片
昆布　10cm

1 米はといでザルに上げる。あさりは酒、しょうゆ各適量をからめて下味をつける。しょうがは皮をむいて太めのせん切りにする。

2 炊飯器に米を入れ、あさりの汁気をきってのせ、しょうがを全体に散らす(**A**)。3の目盛りまで水を注ぎ入れ、酒、しょうゆを香りづけ程度に各少々回し入れ、昆布をのせてふたをし、普通に炊く。

3 炊き上がったら昆布を取り出してごく細く切り、炊飯器に戻し入れ、さっくりと混ぜ合わせる。

干ものとしょうがのご飯

あじの干ものを香ばしく焼いてほぐし、しょうが、ごま、焼きのりとともにご飯に混ぜ込んだ、香りのよいご飯料理です。しょうがは5mm角に切ることで味や食感がダイレクトに楽しめます。あらかじめ塩をふって水気を出し、流水で洗って水気を取っておくと、たっぷり使っても辛みが気になりません。残ったら、熱々のだし汁をかけてだし茶漬けにしても。

材料　作りやすい分量
ご飯(炊きたてのもの)　米2合分
しょうが　3片
あじの干もの　2枚
白炒りごま　大さじ5
焼きのり　適量

1── しょうがは皮をむいて5mm角に切る。ザルに入れて塩適量(分量外)をふり、水気が出るまでおく。流水で洗い、さらしの布巾に包んで絞る(**A**)。
2── あじの干ものはグリルまたは焼き網で焼き、頭と尾、骨をのぞいてほぐす。ごまは香ばしく炒る。焼きのりは手でもむ(**B**)。
3── ボウルに炊きたてのご飯を入れ、あじの干もの、しょうが、ごまを加えて混ぜ合わせ(**C**)、焼きのりを加えてさっくりと混ぜる(**D**)。

あじの酢じめ、きゅうりの塩もみ、新しょうがの甘酢漬けを組み合わせた夏のおすし。ししとう、あさつき、みょうが、青じそなどの薬味も加えてさわやかに。混ぜすぎはおいしさを損なうので、すし飯を飯台やバットに広げ、その上にあじの酢じめやしょうが、薬味を散らして仕上げます。器に盛り替えるときは、しゃもじですくって重ねるようにして盛りつけます。

あじのおすし

材料　作りやすい分量

米　3カップ

合わせ酢

┌ 米酢　80㎖

│ メープルシロップ　大さじ2

│　 または砂糖　大さじ1½

└ 塩　小さじ⅔

あじ（3枚におろしたもの）　5尾分

きゅうり　4本

新しょうがの甘酢漬け

　（p.22参照）　適量

ししとう　7～8本

あさつき　1束

みょうが　3個

青じそ　10枚

1 ── すし飯を作る。米はといですし飯用の水加減で炊く。酢、メープルシロップ、塩を混ぜ、合わせ酢を作る。ご飯が炊き上がったら飯台に移し、合わせ酢を回しかけ、切るように混ぜて粗熱をとる。

2 ── あじは骨を抜き、角ザルを重ねたバットに皮目を下にして並べ、塩少々（分量外）をふって30分ほどおき（**A**）、さっと塩を洗い流す。皮をひき、酢適量（分量外）にさっとくぐらせ、一口大のそぎ切りにする（**B**）。

3 ── きゅうりはごく薄い小口切りにし、塩水にしんなりするまで浸し、水気をしっかりと絞る。

4 ── 新しょうがの甘酢漬けはあられ切りにする。ししとうは種を取って小口切りにし、あさつき、みょうがも小口切り、青じそはせん切りにする（**C**）。

5 ── **1**のすし飯に、ししとう、あさつき、みょうが、青じそを散らし（**D**）、きゅうり、あじをのせ、新しょうがの汁気をきって均一に散らす（**E**）。

6 ── 器に盛るときは、笹の葉などを敷き、おすしをしゃもじで適量ずつすくって盛りつける（**F**）。こうするときれいに盛りつけることができる。

具材としては見えないけれど、カレーに欠かせないのがしょうがとにんにく。肉の臭みを消し、コクや香り、奥行きのある味に仕上げるためのスパイスのようなもの。また、キーマカレーには隠し味にしょうゆとナンプラーを入れるのもポイントです。揚げ野菜は、ししとう、なすなど好みのもので構いません。

夏のキーマカレー

材料　作りやすい分量

豚ひき肉　250g
オリーブオイル　適量
しょうが　大1片
にんにく　1片
レモングラスの茎　2〜3本
赤唐辛子　1本
クミンシード　小さじ½
カレー粉　大さじ3
クローブパウダー
　　小さじ½
ターメリック　小さじ2
ナンプラー　大さじ1
しょうゆ　大さじ2〜3
塩、こしょう　各少々
揚げ野菜
　パプリカ(赤)　1個
　ゴーヤ　½本
　揚げ油　適量
ご飯　適量

1 —— しょうがは皮をむいてみじん切りにし、にんにく、レモングラスの茎、赤唐辛子もみじん切りにする。

2 —— 鍋にオリーブオイルを熱してにんにく、しょうがを入れて炒め、香りが立ったらレモングラスの茎を加え(**A**)、クミンシードを入れてさらに炒める。

3 —— 豚ひき肉を加えてほぐしながら炒め、ひき肉から脂が出てポロポロになったら、カレー粉、クローブパウダー、ターメリックを加え(**B**)、赤唐辛子を入れてさらに炒める。

4 —— スパイスがなじんだらナンプラーとしょうゆを加えて混ぜ(**C**)、水をひたひた(½カップくらい)に注ぎ入れ、汁気がなくなるまで煮る。塩、こしょうで味を調える。

5 —— 揚げ野菜を作る。パプリカは大きめの一口大に切り、ゴーヤはワタと種を取り除いて2cm幅に切る。揚げ油を中温に熱し、パプリカを入れてさっと素揚げし、油をきって**4**の鍋に入れる。続いてゴーヤをさっと素揚げし(**D**)、**4**の鍋に入れ(**E**)、全体に混ぜ合わせる。

6 —— 器にご飯を盛り、**5**のカレーをかける。

A

材料　作りやすい分量
しょうが　1片
紅茶の茶葉　5g

ジンジャーティー

ジンジャーティーは紅茶とおろししょうがに熱湯を注いで作りますが、そのときお茶パックを使うと手軽。しょうがのピリッとした辛さとウッディーな甘い香りがちょっと刺激的で、体全体を温めてくれます。

1 ── しょうがは皮をむいてすりおろし、お茶パックに入れる（**A**）。紅茶の茶葉は別のお茶パックに入れる（ティーバッグのものはそのまま）。
2 ── ティーポットに**1**を入れ（**B**）、熱湯適量を注いでしばらくおき、カップに注ぐ。栗のメープルシロップ煮（分量外）を添える。

A

B

材料はいたってシンプル。豆乳をゼラチンでかためてゼリーを作り、おろししょうがとメープルシロップを混ぜたソースをかけます。ここでは大きな器に作って、取り分けスタイルにしましたが、グラスに1人分ずつ作っても。豆乳ゼリーは豆乳200mℓに対して板ゼラチン3g。

1 ── 板ゼラチンは水に入れ、やわらかくなるまでふやかす。

2 ── 鍋に豆乳を入れて温め、1の板ゼラチンの水気を絞って加え、煮溶かす。器に流し入れ、冷蔵庫で冷やしかためる。

3 ── ジンジャーメープルソースを作る。しょうがは皮をむいてすりおろし、メープルシロップを加えて混ぜる（A）。

4 ── ゼリーがかたまったら、ジンジャーメープルソースをかける。

豆乳ゼリー
ジンジャーメープルソース

材料　作りやすい分量

豆乳（成分無調整）　600mℓ

板ゼラチン　9g

ジンジャーメープルソース
- しょうが　2片
- メープルシロップ
　　1カップ弱

ジンジャーケーキ

材料　8×18×高さ6cmのパウンド型1台分

しょうがのメープルシロップ煮（作りやすい分量）

- しょうが　大4〜5片
- メープルシロップ　適量
- シナモンスティック　1本

バター（食塩不使用）　100g

薄力粉　100g

ベーキングパウダー　小さじ1

塩　ひとつまみ

きび砂糖　50g

メープルシロップ　大さじ4〜5

卵黄　M〜L玉2個分

シナモンパウダー　少々

メレンゲ

- 卵白　M〜L玉2個分
- きび砂糖　50g

メープルシロップで煮たしょうがをたっぷりと使った、しっかりとした食感のバターケーキ。すっきりとした甘さのきび砂糖を使い、さらに、しょうがのさわやかな辛みで甘さを抑え、シナモンで深みのある味わいに。焼いた翌日、生地がしっとりとして、おいしくなります。しょうがのメープルシロップ煮は、アイスクリームに添えたり、ソーダで割ってもおいしくいただけます。

1 —— しょうがのメープルシロップ煮を作る。しょうがは皮をむいて1cm厚さに切る。鍋に入れ、メープルシロップをひたひたに加え、シナモンスティックを入れて火にかける（**A**）。煮立ったらオーブンシートなどで落としぶたをし、あめ色になるまで弱火で煮詰める。冷めたら保存容器に保存。ジンジャーケーキには粗みじん切りにしたもの3片分、薄切りにしたもの1〜2片分を使う（**B**）。

2 —— バターは室温にしてやわらかくしておく。薄力粉とベーキングパウダーは合わせてふるっておく。型の内側にバター（食塩不使用。分量外）を薄くぬり、冷蔵庫で冷やしかため、強力粉（分量外）をはたきつけておく。オーブンは180℃に予熱しておく。

3 —— ボウルにバターを入れてヘラで練り、塩、きび砂糖、メープルシロップを加えてハンドミキサーで混ぜ、卵黄を1個ずつ加えて混ぜる（**C**）。

4 —— 3にシナモンパウダー、1のしょうがの粗みじん切りを加えて混ぜる（**D**）。

5 —— メレンゲを作る。ボウルに卵白を入れ、きび砂糖を3回に分けて加えながら、角が立つまでしっかりと泡立てる（**E**）。

6 —— 粉類の¼量をふるいながら加え（**F**）、ゴムベラで折り込むようにして混ぜる。続いてメレンゲの⅓量を加え、折り込むようにして混ぜる（**G**）。同様にしてあと3回、粉類とメレンゲを交互に混ぜる（**H**）。

7 —— 2の型に入れてならし、1のしょうがの薄切りを並べてのせ（**I**）、型の底を手でたたいて空気を抜く。175℃に下げたオーブンで35分ほど焼き、170℃に下げてさらに6〜10分焼く。竹串を中心に刺してみて何もついてこなければ焼き上がり。

8 —— 角ザルなどの上で少しおき、型から出す。ラップに包んでおくとしっとりとする（**J**）。

しょうがのメープルシロップ煮（p.87参照）で
アイスクリームがけ

1── しょうがのメープルシロップ煮のしょうが適
量を食べやすい大きさに切る。
2── 器にバニラアイスクリームを盛り、**1**のしょ
うがをのせる。好みでシロップ煮のシロップをかけ
ても。

しょうがのメープルシロップ煮 (p.87参照) で

ジンジャーソーダ

1 — しょうがのメープルシロップ煮のシロップ適量をグラスに入れ、ロックアイスを入れ、シナモンスティックをマドラー代わりに差す。
2 — 冷やした炭酸水を注ぎ入れる。ラム酒を加えても。

しょうがの名産地
高知・いの町を訪ねて

左／刈谷農園4代目となる刈谷真幸さん。いの町北山の有機JAS認定圃場で、農薬・化学肥料不使用でしょうがを栽培。
下／しょうが畑はこの山の頂上。祖父の頃は牛に乗って上っていくしかなかったという自然の中で作られています。

オーガニックのしょうがは 味も香りも一級品

　高知県の中央部に位置する吾川郡いの町は、日本を代表する清流・仁淀川と吉野川が流れ、石鎚山系を望むことができる、豊かな自然の中にある町。日本における、しょうが栽培発祥の地でもあります。8〜10月末までの気候が温暖であること、9月の降水量が多いこと、10月後半〜11月の気温の日較差が10℃あること、11月後半まで霜が降りないこと、保水性に優れている土壌だということなどが、日本一のしょうがを育んできた所以です。

　刈谷さんが4代目としてこの仕事に就いたのは20年ほど前。その後、安心・安全でおいしいしょうがを提供したいという思いで、10年ほど前から有機栽培に取り組んでいます。「しょうがは水が必要な植物だけれど、水に弱く、根腐れを起こしやすく、とてもデリケート。オーガニック専門の資材を使ったり、自家製の肥料もOKをもらわないといけない。イノシシがミミズを食べに来るので荒らされることも多く、有機で作るには難しい。気の長い作業です」と言います。そんなしょうがは、いつも見るしょうがより少し白く、見るからにおいしそう。いただいてみると、繊維が少なくてやわらかく、みずみずしくてさわやかな香り。農薬などを使っていないから、皮をむかなくても安心。太陽と土、水、そこに生きる微生物……、自然の中で作られたおいしさがあります。

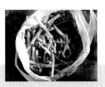

しょうがの根っこは きんぴらに

出荷されないしょうがの根っこの太い部分をきれいに洗い、ごま油で炒めてしょうゆ、砂糖で味つけし、ごまをふってきんぴらの完成。「昔からよく食べてきた、しょうが農家の常備菜。ご飯によく合うおかずです」。

路地ものの旬は11月。 しょうがができるまで

　種植えが行われるのは4月。種しょうがを埋めて土を寄せます。1ヶ月ほどして芽が出たら、草刈りをして、7月に追肥をし、こんもりと土寄せ、藁敷き。8月に台風対策のためにネットを張り、11月についに収穫。新しょうがとして出荷されます。

　しょうがは初夏が旬だと思われていますが、本来＝露地ものの旬は11月。この新しょうがを貯蔵して出荷されたものが、一般的なしょうが＝ひねしょうが。収穫して時間が経つにつれて水分は抜けていくので、ひねしょうがは新しょうがに比べてかたく、辛みが強くなっていきます。

11月、葉の上の方が緑色から黄緑色になったら収穫時期。根の下から株ごと持ち上げて引き抜きます。1反（990平方メートル）でコンテナー約40ケースになります。

種しょうがから横に広がって生えてきて、半年後にはこんな立派なしょうがに。「エネルギーの強そうな種しょうがを選ぶことも重要な仕事のひとつです」。収穫したしょうがは高知県の形にどことなく似ています。

コンテナーに入れて14〜15℃の貯蔵庫で保存。霜が降りると（1〜2℃）腐ってしまうので、温度管理も重要です。注文が入ったらその都度洗って出荷しますが、土つきがいいという人には洗わないで出荷。「家で保存するときは、ぬれ新聞などに包んでからビニールで軽く包み、できれば常温の暗い場所に保存するのがおすすめです」。

高知で
しょうがを楽しむ
information

ご当地グルメ
「いの生姜焼き街道」を開催

※このパンフレットは
2019〜2020のものです。

いの町自慢の農産物・しょうが。そのしょうがをもっとたくさんの人たちに味わってもらおうと町内の農家と飲食店が協力して始まったのが、毎年開催される「いの生姜焼き街道」プロジェクトです。開催期間中、いの生姜焼き街道の参加店舗で掲載メニューを注文すると、1店舗につき1個のスタンプを押印。スタンプ数に応じてプレゼントがもらえるというもの。ポークジンジャーあり、ジンジャーカレーあり、しょうがピザあり……と、しょうが料理が存分に楽しめるのが魅力です。

いの町枝川地区のしょうが農業を振興させ、繁栄をもたらせた、深田駒次氏（明治7年〜昭和26年）の碑が、今も枝川地区の農協の敷地の一角に。

産直市場でしょうが焼きを味わう

しょうが焼き定食

豚ロース肉を刻みしょうがを使った甘辛しょうゆだれをからめながら香りよく焼き、仕上げにはおろししょうがをトッピング。せん切りキャベツと一緒に、熱々の鉄板で提供。ご飯、みそ汁、漬けものつき。

しょうが焼き月見丼

ご飯の上にしょうが焼きと温泉卵をのせたボリューム満点の丼。しっとりやわらかな豚バラ肉としょうがの風味が効いた自家製だれとの相性が抜群。たれがかかったご飯もおいしい。

いの町、国道33号線沿いにある産直市場「レストパークいの」は、地元農家さんの作る産直野菜や旬の果物、花や苗、各種地場産品、米などの販売のほか、おふくろの味が自慢の「ごはん家」を併設。地域の食材を中心に手作り、できたてにこだわって料理を提供しています。地元の人たちに人気なのは、しょうが焼き定食、しょうが焼き月見丼。新しょうがの季節には新しょうが、それ以外の季節にはひねしょうがをたっぷり使って仕上げます。

刈谷農園のしょうが商品も

しょうが粉は、しょうがを乾燥させて粉末にしたもの。100g作るのに1.4kgのしょうがが必要という、ちょっと贅沢な品。から揚げなどの下味、炒めもの、お菓子作り、しょうが湯などに。しょうがおこし、しょうがくず湯、しょうが金花糖、しょうがのど飴も人気。しょうがを生産している農家だからこそ作ることができるお菓子。

産直市場「レストパークいの」には、しょうがを使ったご飯のお友も目白押し。

街路市でも、しょうがや 新鮮野菜がてんこ盛り

「手作りジンジャーシロップ」で ジンジャーエール

「11月の新しょうがで作ると水分が多すぎ、1～2月に作ったものは色はきれいだけれどまだ味が薄い。時間のたったひねしょうがは水分が少ない。いろいろと試してみて、4月のしょうがで作るようになりました。少しねかせたものがジンジャーシロップには合うようです」とは、このジンジャーシロップを作る SURF'N FARM の山本哲也さん。しょうがは刈谷農園のオーガニックしょうが、砂糖はきび砂糖を用い、カルダモン、フェンネルシード、コリアンダーシード、シナモン、ニッキなどのスパイスを配合。さらしで搾り、ピリッとスパイシーに仕上げています。ジンジャーエールのほか、ホットジンジャーティー、豆乳割り、ビール割りもおすすめ。

高知は約420もの露店が軒を連ねる日曜市が有名ですが、街路市はなんと日・火・木・金と週4日。今回歩いたのは、日曜に次ぐ店舗数の、鷹匠町の木曜市。近くには高知市役所や高知県庁が立ち並び、お昼どきになると仕事の合間に晩ご飯の食材を買い込んだり、手軽な昼食を買い求める人も。

茎つきのしょうが、小分けにされていないしょうが、袋詰めのしょうがなど、売り方は店舗によってさまざま。しょうがに出くわす回数が多いのも高知の街路市ならでは。

国産レモンの薄切りとジンジャーシロップ、たっぷりの氷を、炭酸水の中でクラッシュさせながら飲むのが最高です。

彩りがきれいでおいしそうで、つい買ってしまいたくなるのが土佐田舎ずし。みょうがやこんにゃく、山菜など、山の幸をネタにした高知ならではの一品。すし飯に柑橘系の酢を使った、さっぱりとした味わい。

ご当地ジンジャーエールも いろいろ

道の駅やちょっとした街のショップでよく見かけるのが、ジンジャーエール。色や味、瓶の形状やパッケージもさまざま。

地元・いの町の新しょうがで作る 「いつものしょうが料理」

高知に移り住んで5年、おいしいもの研究家として活躍する有元くるみさん。
「しょうがの収穫時期には畑仕事も手伝っています。オーガニックのしょうがは
味も香りもピカ一で、ほかのしょうがとまったく違うんです」。
収穫したばかりのしょうがを使って普段作っているレシピを紹介してもらいました。

小いかとしょうがのパスタ

材料　作りやすい分量
スパゲッティ200 g　新しょうが200 g
にんにく1片　赤唐辛子1〜2本　オリー
ブオイル適量　小いか20ぱいくらい　塩
適量　すだちや直七適量

1　スパゲッティは塩適量（分量外）を加
えた湯でゆではじめる。
2　新しょうが150 gはすりおろし（**A**）、
しょうが汁も½カップほど取っておく（**B**）。
3　新しょうが50 gはせん切りにする。
にんにくはみじん切りにし、赤唐辛子は種
を除いて縦細切りにする。
4　鍋にオリーブオイル、にんにく、赤唐
辛子を入れて香りが立つまで炒め、小いか
を加えてさっと炒め、**2**を加えて少し煮
（**C**）、塩で味を調える。
5　**1**のスパゲッティがゆで上がったらゆ
で汁をきって**4**に加え、手早くあえる（**D**）。
器に盛り、すだちや直七を搾りかけ、新し
ょうがのせん切りを加えていただく。

しょうがドレッシングのサラダ

材料　作りやすい分量

新しょうが150ｇ　赤玉ねぎ½個分　紅花油1カップ　米酢1カップ　きび砂糖大さじ2　塩、粗びき黒こしょう各適量　好みの葉野菜、ミニトマトなど適量

1　新しょうがは皮むいて適当な大きさに切り、赤玉ねぎも適当な大きさに切る。

2　フードプロセッサーに**1**、紅花油、米酢、きび砂糖、塩、こしょう入れ、なめらかになるまで撹拌してドレッシングにする。

3　葉野菜は食べやすい大きさにちぎり、ミニトマトは半分に切る。器に盛り、しょうがドレッシングをかける。

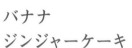

ドレッシングに新しょうがと赤玉ねぎを使うと、ピンクになってきれい。

バナナ
ジンジャーケーキ

材料　18×9×高さ6cmの
**　　　パウンド型1台分**

薄力粉170ｇ　ベーキングパウダー小さじ½　バター（食塩不使用）40ｇ　ナッツ（クルミ、スライスアーモンド）合わせて40ｇ　ジンジャーチャツネ大さじ1くらい　バナナ2本　レモンの搾り汁少々　きび砂糖80ｇ　塩少々　卵1個　豆乳大さじ1½　チャイマサラ（ミックススパイス）少々

下準備

• 薄力粉とベーキングパウダーは合わせて2度ふるう。
• バターは角切りにして冷蔵庫で冷やす。
• クルミとスライスアーモンドはローストし、クルミは刻む。
• ジンジャーチャツネはジンジャーシロップを作るときに出た副産物（**A**）。ないときはおろししょうが大さじ1で代用。
• バナナは輪切りにしてレモンの搾り汁をまぶす。
• 型は内側にバター（食塩不使用。分量外）を薄くぬり、強力粉（分量外）をはたきつけておく。
• オーブンは190℃に予熱しておく。

1　フードプロセッサーにバター、きび砂糖、塩を入れて20〜30秒撹拌し、卵を加えて15秒撹拌し、豆乳を加えてさらに撹拌する。

2　チャイマサラ、粉類、バナナ、ナッツを加えて撹拌し（**B**）、ジンジャーチャツネを加え、さらに撹拌してなめらかな生地を作る。

3　**2**を型に流し入れてならし（**C**）、190℃のオーブンで50分ほど焼く。焼き上がったら型から取り出して冷ます。

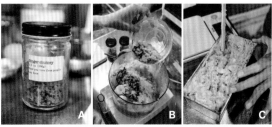

有元葉子　YOKO ARIMOTO

素材の持ち味を生かし、余分なものを入れない引き算の料理が人気。

自分が本当によいと思える食材を使い、

心と体が納得するシンプルなおいしさを追求。

東京・田園調布で料理教室「cooking class」を主宰し、自由な発想でレッスンを行う。

料理教室と同じ建物にある「shop281」では、

自身が使う基本調味料や油、キッチン道具などが揃う。

www.arimotoyoko.com

協力　刈谷農園
　　　高知県吾川郡いの町1818　www.kariya716.com

アートディレクション　昭原修三
デザイン　植田光子
撮影　ジョー
スタイリング　久保原惠理
編集　松原京子
プリンティングディレクター　栗原哲朗（図書印刷）

ゴールデンウィークにプランターに植え替えて、11月中旬に収穫。これがまさに新しょうが。しょうがは夏だけのものではないと実感。

撮影時にいただいた小籠包をセイロで蒸し、熱々のところを、酢とせん切りしょうがで食べる。これだけでぐっとおいしくなるのがしょうがの魅力。

しょうがの料理

2020年9月10日　第1刷発行

著　者　有元葉子
　　　　（ありもとようこ）
発行者　千石雅仁
発行所　東京書籍株式会社
　　　　東京都北区堀船2-17-1　〒114-8524
　　　　電話　03-5390-7531（営業）
　　　　　　　03-5390-7508（編集）
印刷・製本　図書印刷株式会社